웃음 한 조각

정 다 겸

시인의 말

  2016년 10월 그해 가을은 참 따뜻했다.
반백년을 살면서 하늘의 뜻을 아는 나이가 되고
첫 시집 『무지개 웃음』을 출간한 해로
첫 개인시화전도 열어 독자에게 웃음과 여유를
안겨 주었기 때문이다.

  그리고 7년이란 시간이 흐른 지금, 3년의 긴 코로나터널에서 막 벗어난 봄을 지나 여름을 건너고 있다.
시집 『웃음 한 조각』으로 다가오는 가을이 더 풍성해지기를 바란다.

  시집은 모두 5부로 구성되어 있으며, 제1부 웃음이 들어오니 외 19편, 제2부 웃음 한 조각 외 19편, 제3부 웃는 얼굴 외 23편, 제4부 웃다 보면 외 24편, 제5부 웃음 찰칵 외 23편 모두 113편이 실려 있다.

『웃음 한 조각』은 가족, 사랑, 친구, 일, 삶과 죽음 등의 다양한 시상을 펼쳐 놓고 있다. 편안함이 깃든 진실한 소통이 되고, 끊어진 관계에 다리가 되어 오랫동안 사랑받는 시로 남고 싶다.
  다시 돌아오는 가을 사랑하고 싶다. 그리고 사랑받고 싶다.
웃음 한 조각 띄우며…

2023년 8월 동틀 무렵에

정다겸

추천사

영과 혼 사이에 웃음을 넣은 독특한 청각 공간

다울 **최병준**
서울시인대학 학장
문학박사, 공학박사, 신학박사

『웃음 한 조각』시집 출판을 진심으로 축복축하합니다.

시란 감정과 생각을 담아내는 예술입니다. 우리가 살아가는 삶의 모든 순간을 포착하고 그것을 보여줍니다.

『웃음 한 조각』은 웃음을 통하여 삶을 바라보는 시각을 청각적으로 보여주고 있으며, 이것을 통해 우리의 마음을 움직입니다. 우리의 삶에 웃음으로 의미를 더해주며, 새로운 관점을 제시하고 있습니다. 사랑과 희망은 더욱 증폭 시키고 상실과 아픔은 해악으로 풀어낸 웃음 시가 차원 높은 Hyper 시로 승화 되고 있습니다.

『웃음 한 조각』은 영과 혼 사이에 웃음을 넣어 샌드위치 형태의 독특한 청각공간을 만들고 있습니다. 정다겸 시인에게는 보통 사람과 다르게 세상을 보는 영과 혼(靈魂)이 있는데, 눈을 통해서만 보는 것이 아니라 영과 혼으로 보는 투시력(透視力)에 언어의 예술을 누리면서 영과 혼의 대화로 풀어 가고 있습니다.

하늘에서 땅으로, 땅에서 하늘로 이어지는 영의 깊은 메시지를 통하여 독자들과 시로 소통하고 사랑하는 세상을 꿈꾸는 날들이 정다겸 시인의 시를 통하여 웃음으로 생활화되기를 원합니다.

볼테르는 "시는 눈물의 형태를 가진 언어이다."고 했습니다. 웃음의 극치는 눈물이요, 눈물의 극치는 웃음입니다. 정다겸 시인의 시에는 가족, 사랑, 친구, 일 그리고 삶과 죽음까지도 순간의 영감이 시로 승화되어 감동시키고 있습니다. 웃음이 지나간 시편마다 정교하면서도 깊은 성찰의 메시지가 흐르고 있으며, 내면 깊숙이 숨겨져 있는 감성을 솟구치는 웃음으로 형체를 그리고 있습니다.

플라톤은 "시는 영혼의 말이다."고 했습니다. 시는 우리의 영혼을 담아내는 예술이며, 말로 표현하기 어려운 감정을 표현할 수 있는 수단입니다. 웃음 시를 통하여 마음 깊은 내면을 정화 시키고 그것을 통해 우리의 마음이 더욱 풍요로워지기를 원합니다.

출판을 통해 더 많은 독자들과 소통하며, 독자들에게 감동과 영감을 선사할 것입니다. 『웃음 한 조각』을 통하여 웃음으로 가득한 세상을 기대하며, 각 시마다 100번 감상할 독자들이 되시기를 적극 추천합니다.

서문

웃음의 시학

『김동원 / 시인·평론가』

서정시는 아름다운 시안(詩眼)과 자신만의 독특한 체험의 무늬로 짜여 진다. 사랑과 행복, 일상과 너머의 세계를 직조한다. 때로는 바다와 하늘, 꽃과 노을의 시로 채색한다. 서정은 억지로 언어를 구부리거나 풍경을 가두지 않는다. 바람 부는 대로 구름 흐르는 대로 자연스레 시를 받아 적는다. 언어의 지나친 기교는 읽는 이로 하여금 불편케 한다. 이런 현학적 시법은 가슴보다는 머리와 가깝다. 좋은 시는 현대의 풍경 속에도 깃든다. 이번 정다겸의 시집『웃음 한 조각』은 밝은 세상을 꿈꾼다. 세상에 비친 일상의 기쁨과 웃음을 미학적 차원으로 끌어올린다. 그녀의 시는 온통 흰 색 바탕을 이룬다. 순수와 순결의 시어를 통해 사물을 채색한다. 흰색은 부활의 색이자 새로움의 색이다. 그녀만의 이데아를 다양한 '웃음'의 색채로 입힌다.

정다겸의 웃음은 노랑과 분홍이 섞여 있다. 유쾌와 낙관, 모순과 뾰족한 웃음소리가 난다. 그녀의 분홍은 빨강을 넘어 애교를 꿈꾼다. 분홍은 창조의 색이자 예술가의 색이다. 대표시「웃음 한 조각」에서도 엿볼 수 있듯, 그녀는 "사랑"의 양면을 꿰뚫고 있다. "멀어졌다" "가까워졌다" 변덕심한 사랑과 이별을 이미지로 드러낸다. 하여, 그녀는 사랑의 끝을 "웃음 한 조각"으로 묘파하다. 그녀의 시「웃음 얼굴」을 읊조리면, 절로 "기분이 좋아"진다. "눈꼬리"가 "내려오고", "입꼬리"가 "올라"간다. 정다겸의 시의 얼굴은 그래서 "선한 말"이 모여 사나 보다. 그녀는 이번 시집에서 행복한 '웃음의 전도사'를 자청한다. 하여, 그녀의 시는 아득한 바다의 수평선이 떠오른다. 웃음의 출렁이는 물결의 행간에서서, 어떤 그리운 사람에 대한 향수가 느껴진다. 저녁노을 무렵 붉은 해안가의 파도 소리가 들린다.

그도 그렇겠다. 그녀처럼「웃다 보면」, 한 편의 아름다운 시가 되겠다. "끝이 뾰족한 클레마티스 꽃잎"이 되겠다. "아무리 날카로운 사람이라도 / 하하 호호 웃다 보면" 꽃이 피겠다. 그녀의 시처럼 서정시는 사물에게 말 걸기이다. 정다겸의 시가 좋은 까닭은, 공감과 울림을 주기 때문이다. 소통과 공감은 서정시의 귀한 덕목이다. 사물의 기색과 기미를 잘 살펴야 하고, 먹구름의 기분을 알아채야 하고, 바람의 투정을 들어주어야, 좋은 시이다. 그녀 역시 밤늦게까지 시의 행간 속에서 바장이며, 고독했으리라. 하여, 정다겸의 시는 순수하고 여백이 넓은 시가 되나 보다. 누구나 읽어도 쉽게 가슴에 와 닿는 시를 쓰기란 쉽지 않다. 사물을 정직하게 직관하여야 한다. 시어의 걸음걸이가 똑발라야 한다. 첫인상이 좋은 시가 오래가듯, 그녀의 시편들은 머리맡에 두고 오랫동안 읽고 싶은 시들로 가득하다. 명시는 어렵지 않고, 말이 꼬이지 않고, 밝고 맑은 시다. 시는 개인의 작업이지만 대중성에 발화할 때 폭발한다. 좋은 시는 바람을 통해 숲의 흔들림을 느끼게 한다. 이번 정다겸의 시집『웃음 한 조각』이야 말로, 새로운 서정의 재발견을 통해 '웃음의 미학'으로 끌어올린 놀라운 시작(詩作)으로 규정된다.

목차

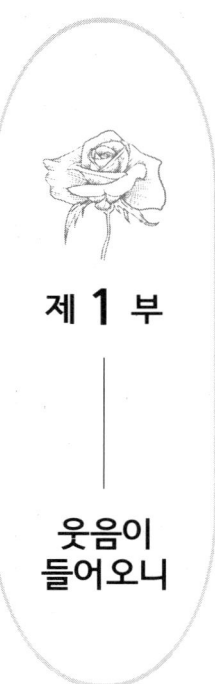

제 1 부

웃음이
들어오니

억새풀 울 엄니 • 14
우리 엄마 • 15
초승달 • 16
흙은 고향이다 • 17
갈대 • 18
정유년을 보내며 • 19
세 마음 • 20
내 몸같이 깨끗이 하여라 • 21
아빠의 키 • 22
대야는 시커먼데 • 23
오늘은 맑음이야 • 24
귀담아듣지 않으면 • 25
즐거운 마음 • 26
내 안엔 해가 참 많아 • 27
우리 집 벽에 창문을 냈다 • 29
욕실에 사는 고양이 • 30
시린 가을 • 31
져주는 마음 • 32
아들의 지도 • 33
웃음이 들어오니 • 34

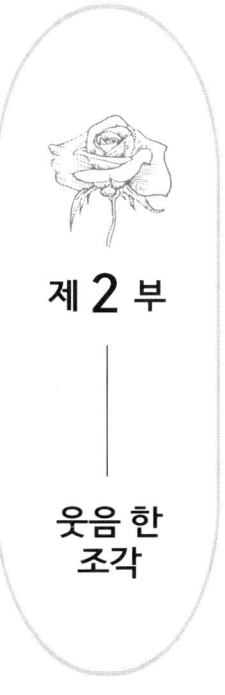

제 2 부

웃음 한 조각

망설이지 말아요 • 36
주님은 사랑이시라 • 37
웃음 한 조각 • 39
혜석의 첫사랑 • 40
내 사랑 혜석 • 41
임 만나서 가는 길 • 42
방울새와 벚꽃 • 43
주님 사랑 영원히 • 44
하나님이 사랑하사 • 45
장안공원에 꽃피는 사랑 • 46
넘치는 사랑 • 47
입파도 • 48
슬픔도 함께 • 49
부메랑 • 50
달의 초상 • 51
예쁜 꽃이 되기 위해 • 52
미련 • 53
꽃과 여인 • 54
라일락 향기 • 55
빛나는 밤하늘은 • 56

목차

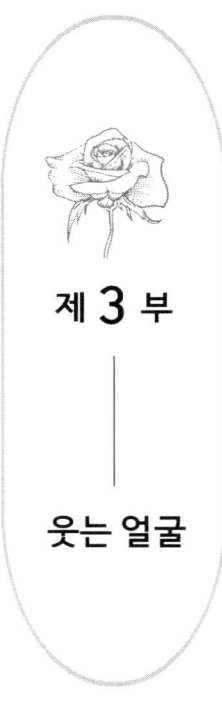

제 3 부

웃는 얼굴

귤 하나 • 58
외면 • 59
비빔밥 • 60
바람따라 • 61
가을 국화 • 62
꽃이 바람에게 • 63
개망초 • 64
저 위를 봐 • 65
승자와 패자의 하루 • 66
속사정 • 67
두 얼굴 • 68
날갯짓 • 69
지금은 내려올 때 • 70
슬픈 영웅 • 71
어깨 너머 • 72
노란 싹 • 73
웃는 얼굴 • 74
수건 • 75
있어야 할 곳 • 76
허물어져라 • 77
네모바퀴 달린 자동차 • 78
흔들려도 괜찮아 • 79
웃음은 친구다 • 80
그날이 오늘이기를 • 81

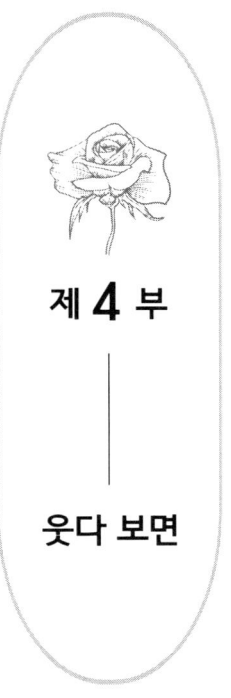

제4부

웃다 보면

심사(審査) • 83
잘못된 만남 • 84
마음이 아플 때 • 85
메뚜기만 불쌍하네 • 86
때에 따라서 • 87
나무의 소리 • 88
나무의 가르침 • 89
아낌없이 주는 나무 • 90
어허둥둥 수원일세 • 91
자화상 • 92
반영 • 93
오십보백보 • 94
잡초 • 95
얼굴 • 96
사명 • 97
반복의 힘 • 98
어쩌다 • 99
망각 • 100
짧아진 하루 • 101
감기 • 102
급제동 • 103
기다린다는 것은 • 104
길 위에서 • 105
시詩여 일어나라 • 106
웃다 보면 • 107

목차

제 5 부

웃음 찰칵

도시의 낙엽 • 109
웃음 찰칵 • 111
그대가 있기에 • 112
가장 아름다운 만남 • 113
이별 • 114
무궁화 • 115
아 하 하나님의 은혜로 • 116
하얀 국화 • 117
꽃이 예쁜 것은 • 118
감기 회복기도 • 119
신발 한 켤레 • 120
나무의 성적 • 121
슬픈 비 • 122
기분을 놓아버렸네 • 123
호스피스 유가족 • 124
목마른 나무 • 125
맑은 윗물 • 126
단풍나무 아래서 • 127
그리움 • 128
겨울나무는 • 130
빛이 되게 하소서 • 131
꿈이 열린다 • 133
어죽이네 • 134
목마른 자들의 샘이 되고 • 135

제 **1** 부

웃음이 들어오니

억새풀 울 엄니

정다겸

어린 핏덩이
홀로 울음 삼킬 때
오빠만 등에 업고
장에 가신 엄니

육 남매 키우느라
이리 휘청 저리 휘청
쓰러질 듯 쓰러질 듯
다시 일어선 엄니

억새풀 바람에 스미어
남몰래 아픔 토해내며
휜 가슴으로
밤이슬 견디신 울 엄니

혼자보단 둘이 좋고
둘보단 여럿이 좋다며
부대끼며 어울리는 삶을
살아오신 울~ 엄니

우리 엄마

정다겸

논밭을 오고 가며
땀방울 송골송골

풍년을 기원하며
자식들 뒷바라지

무뎌진 호미 한 자루
우리 엄마 닮았네

초승달

정다겸

엄마가 사 온 크고 둥근 보름달
오빠 한입 나도 한입 베어 물고
동생도 한입 먹으니 금방 작아지네

아빠한테 시집올 때 엄마 얼굴 달덩이였지
사랑 달라 보채고 젖 달라 칭얼칭얼
먹이랴 입혀 키우랴 날개 달린 오십 년

밝은 낮 가버리면 어두운 밤 오건마는
아빠 계신 별나라 따라나선 작은 별 옆
명월은 간 곳이 없고 손톱 하나 걸려있네

흙은 고향이다

정다겸

아름다운 추억이 있고
그리운 사람들이 있다
어머니의 고향이고
아버지의 안식처다
새 생명의 원천이다
다시 흙으로 돌아가는 것은
소풍 마치고 집에 가는 일
흙을 만지며 태초와 마주 한다
벌거벗은 자신과 만난다
새 생명의 움이 시작되는 곳
흙, 그 위에 살리라

갈대

정다겸

세찬 바람이
흔들어 놓아도
두려움 없음은
혼자가 아니기 때문이다

칠흑 같은
밤이 찾아와도
무섭지 않음은
손잡고 노래하기 때문이다

설령 잠시
쓰러진다 해도
마음 따스함은
함께 눕기 때문이다

정유년을 보내며

정다겸

불 닭이 찾아온 것이 엊그제 같은데
다섯 밤이 지나면 가야 한다네

오랫동안 새벽을 만나지 못한 채
캄캄한 밤에 갇혀 있다가
긴 잠에서 깨어
한 줄기 빛으로 온 날이
엊그제 같은데
다섯 밤이 지나면 가야 한다네

이리 뛰고 저리 뛰고
아점 혹은 점저로
분주한 인생이
풀잎에 맺힌 이슬 같으오!

얼마 남지 않은 시간
발목이라도 잡아 두어야겠소

가족과 둘러앉아 밥을 먹고
햇살 고운 창가에서 책을 보고
밤이 새도록 지난 일 년을 들어주고
즐거움과 기쁨을 노래하면서 말이요

세 마음

정다겸

자녀는 알아 달라 외치는데

아빠는 알려주려 애쓰고

엄마는 알아서 해라 하네

내 몸같이 깨끗이 하여라

정다겸

거울만 열심히 쳐다보지 말고
거울 닦는 일도 힘써야 한다

얼굴만 씻지 말고
세면대의 때도 벗겨줘야 한다

욕조 더러워도 괜찮다 하지 말고
내 몸같이 깨끗이 하여라

아빠의 키

정다겸

아빠가 하늘을 향해
대자로 누웠다

엄마가 팔베개를 해주니
하늘만큼 커졌다

아빠 어깨 위에 올라
두 팔을 벌리니
하늘보다 높아졌다

세상에서 우리 아빠 키가
제일 크다

대야는 시커먼데

정다겸

대야는 시커먼데 얼굴만 닦을 건가
물때가 앞 다투어 거울에 달려드니
두 볼이 부끄러움으로 벌긋벌긋하여라

오늘은 맑음이야

정다겸

현관문을 나서며
"오늘은 비 안 오겠지?"
툭! 한마디 던지는 아들
물기가 마르지 않은 우산은
벽에 누워 식은땀을 흘리며
말없이 눈동자만 굴린다

잠깐만! 쏜살같이 달리는 손에
창문이 미끄러지듯 열리고
신선한 공기 휙 들어온다

밤새 준비된 무대를 향해
새털구름 훨훨 날며 하는 말
"오늘은 맑음이야"

귀담아듣지 않으면

정다겸

우산 챙겨라 비가 올 것 같아
아직 맑은데 하고 흘려보냈을 때
하루 종일 폭우가 쏟아졌다

운전 조심해요 미끄럽던데
눈보라에 함께 날려 버렸을 때
바퀴들은 정신없이 돌기 시작했다

준비물 챙겨 오라는 소리가
발에 걸려 뻥 찼을 때
재미도 함께 달아나 버렸다

강풍 예고를 무시하고
자신만만하게 외출했을 때
파란만장이 온몸을 덮어버렸다

즐거운 마음

정다겸

즐거운 마음은 가벼운 발걸음이다
사뿐히 뛰노는 아이들을 보라

즐거운 마음에는 디딤돌이 존재한다
그 누군가의 디딤돌 인적 있었던가

나에게 몇 푼 주어진다면
제일 먼저 즐거움을 사리라

부모님께 부쳐드리고
아들 책에도 꽂아 놓으리라

식탁에도, 침대 머리맡에도
마음 밭에도 뿌려 놓아야지

내 안엔 해가 참 많아

정다겸

내 안엔 해가 참 많아
아침부터 늦은 저녁까지
좋은 아침, 잘 자요 인사해
안녕하세요? 처음 만나도
환하게 웃으며 인사해

내 안엔 해가 참 많아
모든 일에 감사 해
가진 것에 감사 해
내 모습 이대로 감사해
어제도 감사 오늘도 감사해

내 안엔 해가 참 많아
가진 것 함께 나누고
돌보고 섬기는 마음
시간 주고 재능 주고
남을 위해 애쓰는 봉사해

내 안엔 해가 참 많아
하늘로부터 내려온 사랑
아름다운 세상이 준 사랑
엄마의 끝없는 사랑받아
내 안에 차고도 넘치는 사랑해

내 안엔 해가 참 많아
입 꼬리 타고 쏙 들어왔지
두 팔 춤출 때 어디선가
날아와 갈비뼈에 앉았지
배꼽이 춤춘다 다 같이 기뻐해

내 안엔 해가 참 많아
인사해 감사해 봉사해
사랑해 기뻐해
그리고…

우리 집 벽에 창문을 냈다

정다겸

창문이 없어서 밖을 볼 수 없었다
새색시 같이 수줍은 발그레한 해를
밤새 구름과 술래 놀이하는 달을
그대 눈동자 닮은 파란 호수를
그 호수에서 노니는 토끼, 사슴, 까치,
강아지, 그리고 아이들과 보고 싶은 것들

우리 집 벽에 창문을 냈다
"어서 와"
제일 먼저 빛이 들어온다
새로운 정거장이 생겼다며
지나는 바람이 볼 뽀뽀하고
밤하늘의 별과 달도 인사를 한다

욕실에 사는 고양이

정다겸

우리 집 욕실에 고양이가 산다
평소에는 조용히 숨죽이고 있다가
손빨래를 하는 날이면 깨어나서
'야옹'하고 인사한다

힘들어서 허리 펴고 기지개를 켤 때도
빨래를 다른 통에 옮길 때도 졸졸
따라다니며 '야옹야옹' 한다

맑은 물이 씨줄과 날줄을 오가며
더러움을 제 몸에 담고 하수구로 가면
기다렸다는 듯이 새 물이 콸콸 쏟아진다
더러운 물이 흘러가고 깨끗한 물로 채워지면
야옹이도 덩달아 신이 나서 '이~야~옹' 노래한다

빨래가 끝날 때까지 내 몸 가장 낮은 곳에서
나를 받쳐주며 재잘거리고, 노래를 불러주었던
욕실에 사는 고양이, 오늘도 만나러 가야겠다

시린 가을

정다겸

하늘은 저토록 푸르고 눈이 부신데
슬픈 곡조는 누구의 노래입니까
빨간 단풍 위에 뚝뚝 떨어지는
방울방울 물방울은 핏물 되어
어디로 흘러가는 것입니까

가슴팍에 꽂히는 저 날카로운
바늘 같은 실 같은 것은
누구의 것이기에
제 몸 인양 뚫고 들어와
이토록 아프게 하는 것입니까

언제 쓰러질지 모르는
저 모래성은 누구의 집입니까
바람이 잔뜩 들어와 있는데
문고리마저 잠그지 않음은
누구의 잘못입니까

져주는 마음

정다겸

잘 다녀와 아들
엄마는 항상 보자기
아들은 언제나 브이
엄마는 져도 호호
아들은 이겨서 흐뭇

잘 다녀와 아들
엄마는 오늘도 보자기
아들은 오늘은 주먹
날아온 펀치에 허허
져주는 마음에 하하

아들의 지도

정다겸

아들 방을 본 엄마의 동공 확장되고
손은 흩어진 물건들 향해 질주하네
깔끔하고 보기 좋아 고개 끄덕이는데

생벼락이 방안까지 몰아친다
"왜 이케 어질러 놨어요?"

손에 닿던 물건들이 시야에서 사라지면 안 되고
쉽게 찾을 수 없어도 안 돼
내 지도가 바뀌면 난 찾아갈 수 없지
어지러워 보여도 난 아무 문제없이 살아왔어
멀리 떨어져 있어도 지도가 보이지
책상 위 물건들이 모두 보여, 서랍 속도 훤히 보여
그냥 보여 그러면 된 거 아닌감?
내 공간 내 삶은 내가 만들어 가는 것

뒷걸음치는 물건들 조용히 제자리 찾아간다

웃음이 들어오니

정다겸

미간을 활짝 열고 웃음을 불러들여
또르르 입 가득 차고 넘치어
마음에
울려 퍼지니
즐거움이 끝이 없네

대문을 활짝 열고 만복을 불러들여
한없는 사랑 집안 가득 들어오니
아이들
까르르 깔깔
웃음소리 담장 넘네

마음을 활짝 열고 행복을 불러들여
하나 된 마음으로 너와 내가 만나니
미운 정
어디로 가고
고운 정만 살포시

제 **2** 부

웃음 한 조각

망설이지 말아요

정다겸

사랑한다 말하고 싶거든 망설이지 말아요
떠난 다음 허공에 소리쳐도 듣지 못하니

하고 싶은 일이 있거든 망설이지 말아요
날이 갈수록 몸은 점점 마음과 멀어지니

만나고 싶은 사람 있거든 망설이지 말아요
그리움 쌓여 태산 되면 더욱 힘들어지니

주고 싶은 것이 있거든 망설이지 말아요
기쁨 돌고 돌아 다시 내게 올지니

주님은 사랑이시라

(수원기독호스피스 20주년 기념 시)

정다겸

십자가 사랑 본을 받아
1997년
수원기독호스피스회가 세워지고
20년을 하루같이
주님 사랑 변함없어라

마지막 여정
슬픔과 괴로움 벗고
마음의 평안과
천국의 소망 덧입혀
섬기기를 다하여라

사시사철 밤낮으로
주님의 사랑 안에
거하게 하시고
크신 축복으로
기쁨 가운데 살다가

때가 차매
하늘에 소망을 두게 하시고
빛 가운데로 인도하시는
주님은 사랑이시라
호스피스에 그 사랑 가득하여라

웃음 한 조각

정다겸

사랑하든 미워하든 이유가 있어
좋다가 싫어지기도 하고
다시 좋아지기도 하지
영영 돌아오지 않을 것처럼
멀어졌다가 가까워졌다가
맴맴 돌다가 가버린 사랑

아주 가버린 인연이라 해도
고개 끄덕이며 그럴 수 있지
다시 만날 약속 없다 해도
지구 돌고 돌아 필연 되면
'왜 그랬어?' 묻지 말고
웃음 한 조각 띠우는 사랑을 해

이유가 닳고 닳아서 더 이상
이유가 존재하지 않을 때
우리의 미움 사라질 거야
우리 사랑도 사라지겠지
웃음 한 조각 띠우는 사랑을 해
존재만으로도 행복한 사랑을

혜석의 첫사랑

정다겸

궁합도 필요 없는 네 살 차이
오빠 친구 소월과 옷깃 스치고
문학이야기가 꽃 필 때마다
둘 사이는 향기로 물드는데
영원히 행복할 것 같은 사랑
힘없이 녹아내리고
떠나보내야 하는 슬픔
돌아오지 않는 사랑이여
마음을 속이는 후회를
다시는 하지 않으리

내 사랑 혜석

정다겸

달을 따라가면 보일까
달과 달음질도 하고
해를 따라가면 만날까
구름과 내기 하면서
만난 당신의 그림자가
호숫가에
보석처럼 빛나고 있다

임 만나러 가는 길

정다겸

어서 가자
뜨거운 땀방울에
눈 녹아내리면
마른 가지 꽃피고
새들 날아들겠지

어서 가자

그리운 임 만나러

방울새와 벚꽃

정다겸

요기서 쪼로롱 조기서 쪼로롱
너무 아름다워서

요기조기서 파닥파닥
감출 수 없는 마음

사랑할수록
하롱하롱 꽃잎 떨어지네

주님 사랑 영원히

(수원기독의원 12주년 기념 시)

정다겸

우리의 몸이 병들었나이다
우리 마음도 상하였나이다
오 주님 어디로 가야 합니까

너희는 슬픔도 걱정도 버려라
수원에 기독의원을 세우니
어언 12년이 흘렀도다

마음이 가난한 자들이여
모든 것을 주님께 맡겨라
치료의 주님 평안 주리니

닫힌 입을 열어 찬양케 하시고
고통 중에 감사한 마음 주시니
주님이 함께하심이라

세상이 버려 아프더냐
세상은 잠깐이나 주님 사랑
영원히 떨어지지 않도다

하나님이 사랑하사

(코리아선교방송 개국 기념 시)

정다겸

하나님이 의인의 길 걷는 딸을 사랑하사
넘어져도 주님의 권능으로 다시 서게 하시고
때가 차 매, 낮고 낮은 자리에서
코리아선교방송으로 섬기게 하시니

생명수가 흐르는 찬양으로
어둠 밝히는 빛의 기도로
영원히 주리지 않는 말씀으로
축복의 통로 되는 방송되게 하소서

자기 영혼을 사랑하듯 서로 사랑하고
주 안에서 구별된 삶을 살며
주님의 명령 기쁨으로 받아
멀고 험한 길일지라도…….

하나님이 함께 동행하는 예배
기쁨과 감사가 머문 자리로
대한민국 방방곡곡 꽃피는 사랑
예수님 꼭 닮은 선교방송으로

장안공원에 꽃피는 사랑

정다겸

풀벌레도 잠든 일요일 이른 아침에
장안공원에 하나 둘 사람들이 모이고
천막을 치고 테이블을 펴고
따뜻한 국처럼 우리의 마음 데워지는 곳

엄마와 함께 온 여학생의 고사리 손
할머니 따라온 남학생의 즐거운 발걸음
이가 튼튼한 92세 할아버지의 인심이
모여 사계절 고소한 밥 냄새가 풍기는 곳

미용 봉사자의 손길에 머릿결 찰랑이고
한 알 한 알 밥알에 깃든 정성이 목을 타고
온몸 구석구석 함박웃음꽃 피우는
그곳에 사랑을 만드는 사람들이 있다

넘치는 사랑

(초대선교방송 개국을 축하하며)

정다겸

오! 우리의 하나님
갈 길 열어주시고 인도하여 주시니
한없는 주님의 사랑에 기쁨이 넘치옵니다

나의 몸! 나의 마음
언제나 주님만 믿고 바라볼지니
평안으로 채워지는 사랑에 은혜가 넘치옵니다

사랑으로 하나 되는 교회
천국의 소망이 땅 끝가지 이르러
선교사명 감당하는 방송으로 찬양이 넘치옵니다

입파도

정다겸

파도가 해안을
부서지도록 안는다
바람 많은 날이면
더욱더 세게 끌어안는다
아파도 아파도 소리 없이
풍랑에 숨어 울었다
끝내 오열하는 입파도
하늘과 바다 광활한 이곳
세파에 찌든 답답한 가슴
바닷물에 풀어 놓으면
어느 새 파도는 밀려와
하얀 물보라로
화답하는데

슬픔도 함께

정다겸

하늘의 슬픔 떨어져 내릴 때
수줍게 웃던 그녀 어디 갔나
붉은 눈물만 뚝뚝
발길에 차이는데

부메랑

정다겸

점점 멀어져 간다
점점 보이지 않네
점점 멀어져 간다
점점 들리지 않아

아련한 추억 남기고
그렇게 끝인가 했다
그런데 시작이었지
다시 돌아온 계절

버리니 얻을 수 있고
비우니 채울 수 있고
이별은 또 다른 만남
돌고 돌아서 온 그대

달의 초상

정다겸

오늘은 세상이 온통 까맣다
이튿날, 용기를 내어 살짝 실눈을 뜨고
다음날, 손톱과 키 재기 놀이를 하고
나흘째, 엄마 눈썹 보고 거울 한번 보았다.
불금, 군만두 추가요 외치는 소리 멀어지고
나뭇잎 바람 타고 둥실 여행 떠나는 주말
'시작이 반이야!' 엄마 소리 가슴에 품은 채
들을 지나고 산을 넘고 바다를 건너는 동안
몸은 점점 지구를 닮아가고 있었다
어느 집 창가에 송편 빚는 소녀 웃음소리 들리고
하루, 이틀, 사흘, 나흘 어느새 휘영청 밝고
두려운 밤은 아름다운 밤이 된다

예쁜 꽃이 되기 위해

정다겸

예쁜 꽃이 되기 위해
향기 나는 꽃이 되기 위해
모든 것을 참고 견디며
포기하지 않았더니
사랑받는 꽃이 되었다

미련

정다겸

처음 그녀를 살짝 들어 올려주었을 때
두 날개 달아 사뿐히 날아올랐지

햇살 가득 품은 날에
축축 늘어진 꽃길을 지날 때
바람이 심술궂게 다가올 때도
가장 낮은 곳에서 그녀의 온몸 우러러
살았던 날들
이제 작은 빗물마저 견딜 힘 잃어가고

그래도 아주 가끔은
아직 사랑받고 있다는 사실에 웃음 짓는데

하얀 눈이 살얼음을 덮어버린 어느 날 아침
친숙한 손길에 안 된다고 소리쳤지만
이내 흩어져 버리고 설렘도 잠시
빠르게 달리는 초침에 핑그르르
엉뚱하게 그녀의 전신 x-ray가 찍힌

하얀 세상은 더 이상 온데간데없고
온통 파란 하늘만 보이는데

꽃과 여인

정다겸

꽃이 향기라면
그녀는 웃음이다

향기가 천리를 갈 때
웃음은 수만리를 간다

꽃은 여인을 좋아하고
여인은 웃음을 사랑하여

꽃이 가는 길 웃음꽃 피고
그녀에게서 꽃향기 날리니

그 맘 도저히 감출 수가 없구나

라일락 향기

정다겸

미리 온다고 소식 전하지 않아도
사뿐사뿐 소문내지 않아도
초 미풍에 흔들림 없이 잔잔해도
대번 그녀임을 안다

짙은 그늘이 내려와도
어둠으로 칭칭 동여매도
감추어지지 않는 그녀 향기가
밤공기마저 흔들어 놓았다

빛나는 밤하늘은

정다겸

욕망이 질주할 때
아카시아의 달콤함이
장미의 고상함이
어디에도 없습니다

가시만이 홀로 남아
눈동자를 찌르며 속삭이는
검은 손길에
마음의 온도도 없습니다

보이나요 눈을 뜨세요 어서
들리도록 문을 열어요 지금
빛이 들어갈 길을 터주세요
그대 안으로

저 빛나는 밤하늘은
어둠이 준 선물이 아니라
아직까지도 그대를 생각하는
사랑의 빛이 있기 때문입니다

제 3 부

웃는 얼굴

귤 하나

정다겸

차가운 귤 하나
그녀의 손에 안긴다

"어! 귤이 따뜻하네"

그녀의 손은
지금 얼음장이다

외면

정다겸

땡그랑 길바닥에 뒹구는 동전 하나

나란히 길을 걷던 옆 친구 고개 숙여

냉소적 웃음 던지며 한마디

백원이네

비빔밥

정다겸

혼자는 싫어싫어
육해공이 한자리에
옹기종기 모여 앉아
고향 얘기 끝이 없네

산과 들의 쫄깃함이
바다의 짭조름함이
갓 피어난 계란 꽃이
저마다 소중한데

손끝에서 빚어지니
너와 내가 따로 없고
사계절 품은 맛이
한 입 두 입 떨어지니

아
아
신의 탄성 소리

바람따라

정다겸

초록 바람 살랑살랑
내 마음도 흔들흔들

붉은 바람 불어오니
마음까지 후끈한데

푸른 바람 일어나서
하늘까지 날아올라

하얀 바람 데려오니
바람 따라 나도 가네

가을 국화 秋菊

정다겸

찬바람에 앞 다투어 고개 숙이니
벌 나비는 갈 곳을 잃어버리고
못 참겠다 꼬르륵 울고 있을 때
어디선가 들려오는 바람의 노래
무서리가 내리고도 꿋꿋한 자태
밤하늘을 수놓는 불꽃 있다네
바람 따라 향기 따라 날아오르니
형형색색 고운 그녀 눈이 부시네

꽃이 바람에게

정다겸

흔들려도 괜찮아

더 멀리 전해주오

봄이 왔다고

개망초

정다겸

살랑살랑 불어오는 바람에
치맛자락 속 엉덩이 푸른 물이 들고

그 향기 코끝을 간질여
여인들의 마음 끝내 훔치고 만다

파란 치마폭 속에든
하얀 속바지 눈이 부시다

저 위를 봐

정다겸

저 위를 봐
높고 푸른 하늘을

사과 빛 볼 터치한
맑게 씻은 고운 해님을

드넓은 무대에 펼쳐진
새털구름의 축제를

승자와 패자의 하루

정다겸

승자의 하루는 25시간이고
패자의 하루는 23시간이다

자투리 천이 모여 둘이 덮고도
남을 큰 이불이 되었다
고까짓 것 쓸모없이 버렸다면
생활쓰레기 마음까지 아팠겠지

늦었다 생각들 때 그래도 가자
해보자, 걸음을 옮겨라
늦었으니 포기하자 한다면
아직도 그 자리에 머물러 있을 터

뒤돌아보아라! 얼마나 왔는지
또 얼마나 가야 하는지를
낮에 해와 더불어 밤에 달과 함께
돌자, 돌아보자 다시 제자리 올지라도

속사정

정다겸

백화점에 시계 창문 없어
해 저문 줄 모르고
쇼핑백 쇼핑카트
배불러도 기웃거리니
얇아진 지갑 속사정
모르리 그대는 모르리

두 얼굴

정다겸

찬바람이 틈 비집고 들어와
제일 먼저 얼굴에 달려가는데

손은 말없이 커튼을 치고
이불을 힘껏 끌어 올린다

지난여름 얼굴 내밀며
반기던 기억 생생한데

손은 말없이 커튼을 치고
이불을 힘껏 끌어 올린다

날갯짓

정다겸

위로 아래로 힘찬 날갯짓
그것은 자유를 향한 몸부림이다

평범한 나를 벗고
특별한 옷을 입는 일이다

지금은 내려올 때

정다겸

구름아 흘러흘러 두둥실 길 떠나자
사뿐사뿐 가다가 발걸음 무거우면
빗줄기 타고 내려와 땅을 걸어보자
발끝에 스민 흙 향기 다시 기억하며

파도야 넘실넘실 춤추며 가자꾸나
순풍에 돛을 달아 흥얼흥얼 잘도 간다
가다 역풍 만나거든 돛을 내려보자
멈추고 낮아지면 순한 바람 찾아오리

슬픈 영웅

정다겸

모두가 즐거운 시간
씩씩거리며 화내는 녀석이 있다

상장은 쓰레기야 외치는 소년은
송곳니를 드러내며 성난 사자가 된다

놀아야 해! 떠들어야 해!
닫힌 내 귀를 열려 하지 마

내가 때린 건 그냥 툭 친 거고
친구가 때린 것은 폭력이지

모두 내 말을 들어
선생도 교장도 날 어쩌지 못해

난 이미 영웅
이라고 외치는

소년의 그림자가 아프고
슬퍼 보인다

어깨너머

정다겸

어깨너머엔
무한한 배움이 있다

그것은 열린 창이며
뚫린 벽이다
넘어야 할 언덕이다

오늘도 어깨너머 세상이
나를 보고 눈짓한다

노란 싹

정다겸

비가 뚝뚝 떨어져 내릴 때
어린 소년은 도망치고 있었다

햇살이 따가운 오후에도
바람이 차가운 저녁에도
어둠이 밀려오는 밤에도

뿌리를 깊게 내리고 있는
친구들을 조롱할수록
소년의 길은 야위어 갔다

세상이 준 행복한 아픔을
버리는 일은
청춘을 통째로 잃어버리는 것

웃는 얼굴

정다겸

널 보고 있으면
기분이 좋아지네

눈꼬리 내려오고
입 꼬리 올라가네

사랑이 그윽하고
선한 말이 모여들어
눈 감고 있어도
웃는 모습 그려지네

여전히 웃고 있는
그대 따라 나도 웃네

수건

정다겸

그녀의 얼굴과 만난다
민낯이 드러나고
축축한 몸 구석구석
나만큼 아는 이
또 있을까?
어디에 종기가 났는지
각질 상태는 어떤지
또 발바닥을 지날 때
어떻게 반응하는지
그녀의 머리카락에서
눈물이 뚝뚝 떨어져 내릴 때
수건은 말없이 그녀를 안아준다

있어야 할 곳

정다겸

비가 내리고
창에 얼룩 그림이 그려졌다

비가 그치고
하늘은 환하게 웃고 있는데

창에 비친 하늘은
흙먼지를 뒤집어쓰고 있고

집 떠나온 흙먼지
유리창에 찰싹 붙어 미동도 없다

허물어져라

정다겸

허물어져라
그대 차디찬 마음이여
여린 새싹 다치지 않도록

날뛰지 마라
그대 발밑 푸른 풀들
아! 소리 못하고 쓰러질라

허물어져라
그대 안에든 오만들이여
가는 길 불편 없도록

네모바퀴 달린 자동차

정다겸

먹구름은 술래가 되고
해는 구름 뒤로 숨고
집집마다 등불이 켜진다

거리에도 **빨간불**이 켜지고
바퀴는 네모로 변해 가는데
밤새 거리를 활보한 낙엽들이
다다른 곳이 하수구 맨홀 위
물길을 막아버린 탓에
도로는 자취를 감추고
차들은 허우적허우적 안간힘을 쓰며
고고한 꼬리를 내린다

흔들려도 괜찮아

정다겸

바람이 꽃을 흔든다

흔들려도 괜찮아
꺾지는 말아 줘
나의 향기를 담아
너를 기다리는 곳으로 가
웃음도 너와 함께 할 거야
다음에 또 와
그때는
누군가의 희망이 되는
꽃씨를…

웃음은 친구다

정다겸

손안의 스마트폰 같은 친구다
무지개 같은 알록달록 친구다
솜사탕 같은 달콤한 친구다
외로울 때 위로 되는 친구다
내가 웃을 때 함께 웃어주는 친구다

엄마는 친구를 잘 사귀라고 한다
웃음친구 만나고 하루하루가 즐겁다
화가 있던 자리에 친절이 들어오고
미움이 있던 자리에 사랑이 들어오고
욕심이 있던 자리에 나눔이 들어왔다

웃음이 나에게 들어온 날
난 또 다른 누군가의 좋은 친구가 되었다

그날이 오늘이기를

정다겸

밥 한 끼 먹자던 말이
아득히 멀어집니다
얼굴 한 번 보자던 소리가
가물가물합니다
당신과 나 사이에 놓인
수많은 다리들이 흔들거립니다
앞이 희미합니다
분간할 수조차 없습니다
꽃피는 봄이 곧 온다고
무등타고 지나가는 바람의
말이 아직도 들리는 듯한데
안개 헤치고 올 것만 같은데
구름다리 건너 무지개 타고
오실임이여
그날이 오늘이기를

제 4 부

웃다 보면

심사(審査)

정다겸

심사(審査)에
심사(心思)가 들어가니
심사(深思)할 일이로다

잘못된 만남

정다겸

차선을 넘나드니
부딪치기 쉽고

계절의 경계가 무너지니
갈피를 잡을 수가 없고

인격이 무너지니
잘못된 만남이 되는구나

마음이 아플 때

정다겸

마음이 아플 때
하나 둘 세상의
등불 깨어지고

손 안의 핸드폰
어둠 속 비행
자초한다

아픔이 흘러 흘러서
마음 감싸니
고즈넉한 심사

고요 깊어가고
마음 꽉 잡으니
새벽 찾아든다

메뚜기만 불쌍하네

정다겸

메뚜기 한 마리
등산로를 가로질러 가다가
산 오르는 아줌마 눈에
띈 것이 큰 실수였으니

대어라도 낚았나
'아싸!' 신나게 외치는 소리가
끝나기도 전 오른발 밑으로
사라진 메뚜기

산행을 마치고
내려오는 아저씨 이 광경 보고
'아줌마~거 살아있는 걸
밟으면 어떡해요 한마디 던졌다가'

'어때요 왜요 어때서요'
씩씩거리며 들이대는
아줌마의 거친 입에
자근자근 씹히고

죽은 메뚜기만 불쌍하네

때에 따라서

정다겸

작은 꼬마가
상장 받은 날
벽지는 조용히
상장 뒤에 숨으며
우리 숨바꼭질 할까 하고

어른이 되어
상패 받은 날
책들은 말없이
두 발 뻗으며
바닥이 편해 라고 한다

나무의 소리

정다겸

톡 톡 톡
망치 소리에
잠든 나무가 깨어난다

뼈를 깎는
아픔 견디며
깊은 목소리 우려낸다

더욱 사랑
술술 풀려라
흐르는 물처럼 살라하네

나무의 가르침

정다겸

나무에 박힌 옹이를 보라
상처 꽤 깊도다
나뭇결 무시하지 마라
찢기는 아픔이 올지도

수만 번의 망치질로
고운 소리 되살아나고
뼈를 깎는 아픔 뒤에
좋은 향기 내나니

비우고 덜어내는 일은
결코 쉽지 않으나
그 일 후에는
돌아오는 것이 많으리라

아낌없이 주는 나무

정다겸

새들에게 보금자리를
애벌레에게 양식을

봄에 희망을 틔우고
여름에 그늘이 되어주고
가을에 오색찬란함을
겨울에 빈 가지에 햇살을

아들 방에 책상으로
주방에 식탁으로
옷장으로, 침대로
죽어서도 우리의 가족으로

추위와 더위를 이겨냈기에
비바람과 태풍을 견디었기에
뼈를 깎는 아픔을 내어주었기에

자신을 불살라 한 줌 재가 되어도
슬퍼하기보다는 거름이 되어
기쁨으로 피어나는 나무여!

어허둥둥 수원일세

정다겸

순대 그리움에
살가운 정 더하고
닭발에 똥집까지
수원 인심에 배부르다

왁자지껄 사람내음에
세상 시름 다 벗고
고운 한복 고운 자태
어허둥둥 수원일세

자화상

정다겸

비우며 오른다
뜨거운 태양
매서운 한파에도
푸르름은 눈이 부시다

어둠 밝히는 글과 글 사이로
살며시 스민 단꿈은
책의 포로 된 글자들의
즐거운 놀이터라

떼구루루 굴러도
벼랑에 떨어져도
불사조가 되어
새 아침 맞이하니

반영

정다겸

사진 속 그녀
웃고 있다
실룩실룩

사진 속 그녀
뛰쳐나온다
절뚝절뚝

오십보백보

정다겸

사람이 높아진들 어디까지 이겠느냐
123층 올라서서 아래를 굽어본다
점 하나 오만한 걸음들 손톱으로 확 밀어 본다

잡초

정다겸

이제야 허리 펴서 세상과 만나는데
누군가 뛰어와서 짓밟고 간다 해도
밤이슬 눈물로 삼키며 다시 한 번 꼿꼿이

얼굴

정다겸

자신의
과거와 현재

그리고
미래가

함께
살아가고 있다

사명

정다겸

풍랑이 휘몰아치고 파도가 삼킬지라도
그 길이 내 길이라면 묵묵히 가겠소
씻기고 거듭 씻기어 몽돌이 되기까지

반복의 힘

정다겸

철봉에 매달린다
금방 떨어졌다

오늘 또 매달린다
좀 오래 버텼다

열 번을 찍어보아라
안 넘어 가는 놈 있나

어쩌다

정다겸

우리 집 앞산보다
높아진 아파트촌

보행길 사라지고
자동차 골목대장

외줄에 매달린 인생
흔들리네 바람에

망각

정다겸

산책 나온 비둘기
놀라게 하여도 꿈쩍 않네
인기척에 깜짝 놀라
달아난 일 아리송해

짧아진 하루

정다겸

어서, 아침햇살의 속삭임에도
일어나, 따르릉 알람의 외침에도
조금만 더, 더 하다가
짧아진 하루

감기

정다겸

아무것도 염려치 말라
너와 함께하시리라
잘 될 거야 생각대로
믿음대로 잘 될 거야
나을 것 같아 나을 것 같아
넌 이미 좋아지고 있어
땅을 딛고 힘차게 뛰어봐
나을 수 있어 나을 수 있어
너의 감기 문제없어
낫고 있어 낫고 있어
너의 두 날개 문제없어
감사와 기쁨으로

급제동

정다겸

넘어지고
쓰러지고
핑그르르 돌고
부딪치고
쏟아지고
떨어지고
깨지고
부서지다

기다린다는 것은

정다겸

딸이 온다는 소식에
엄마의 마음은 벌써 골목길로 향합니다
이제나 오나 저제나 오나
빨리 보고 싶어
어데 오냐~ 다 왔냐 전화를 합니다

기다리는 편지가 있습니다
약속한 날이 되자
메일함을 열어보고 또 열어봅니다
확인하고 또 확인합니다
언젠가 오겠지
이건 기다리는 마음이 아닙니다

기다림에는 심쿵이 들어있습니다

길 위에서

정다겸

오늘도 길을 걷는다
횡단보도 앞에서
뚜벅뚜벅 멈춰 서고
바퀴들은 질주를 서두른다
신호등이 눈앞에서 사라져도
자기의 길을 찾아간다

바닥에 쩍 하니 달라붙은 신발이
이제는 춤출 시간이야 라고 말할 때
활활 타오르던 붉은 불길 사라지고
푸른 들판이 펼쳐진다
잠시 잠깐 푸른 초장의 주인이 되어
워 워 워 달리던 야생마들을 길들인다

멈춰서야 할 때는 언제인가
가야할 때는 또 언제인가

시詩여! 일어나라

정다겸

시여 일어나라
일어나서 봄을 노래하라
따뜻함으로 채워라
사람들의 가슴팍에 가서 꽂혀라
언 손일랑 잡아주고
상처 난 마음일랑 보듬어 주어라
매인 쇠사슬을 끊어 버리고
나비처럼 훨훨 날아
희망의 불씨 건네주고 오너라
봄이 머지않았다고

웃다 보면

정다겸

끝이 뾰족한 클레마티스 꽃잎
둥글게 둥글게 피어나고

뿔이 난 알리움도
크고 둥근 꽃으로 자라나니

아무리 날카로운 사람이라도
하하 호호 웃다 보면

어느새 얼굴은
둥글게 둥글게 피어난다

제 5 부

웃음 찰칵

도시의 낙엽

정다겸

바람 타던 낙엽 하나
파르르 떨고 있다
차갑고 딱딱한
보도블록이 아니기를…….

물이 알려준 부드럽고
포근한 고향은 어디에
만신창이가 된 낙엽들이
이리저리 뒹군다

바닥이 끌어당기는 것을
애써 거부하며 뒷걸음쳐보지만
거센 바람이 휘돌아 나갈 때는
바람의 허리라도 꼭 잡아야한다

청소차에 실려 가는 낙엽들
골골댔던 곧 으스러질 것 같은
모습 아랑곳하지 않고
아가리를 벌리는 소각장을 지나

사뿐히 내려앉은 곳,
수많은 친구들이 웃으며 반겨주는
낯선 곳에서
단번에 엄마 냄새가 스미어 온다

웃음 찰칵

정다겸

신음 중에도
그대만 다가오면
활짝 웃지요

지난날의 기쁨
고이 띄워
얼굴에 담지요

순간의 행복이
달아나지 않게
품속에 간직하지요

나의 고통보다 웃음
기억하기를 바라는 마음이
욕심은 아니겠지요

노오란 웃음이
민들레처럼 피어날 때
다시 만나요

고통과 아픔일랑 잊고서

그대가 있기에

정다겸

흔들리는 지하철 안에서
고사리 손이
억새 같은 손을 꼭 잡는다

너울져 파도치는 배 안에서
낮은 바닥은
편안한 친구가 된다

덜컹 버리는 버스 안에서
흔들리는 손잡이는
든든한 지지대다

흔들리면서
삶은 영글어가고
미소는 죽지 않는다
그대가 있기에

가장 아름다운 만남

정다겸

생의 끝자락에서
고통 중에 있을 때
그리스도의 사랑 꽃피는
수원기독호스피스

날마다
씻김을 받으며
두려움 멀어지고
믿음 두터워지리

오라! 부르시는 주님
천국의 소망 안고
조금씩 더 가까이
기쁨으로 달려가

섬기는 은혜 속에
따뜻한 정 오고 가고
방방곡곡 사랑의 종소리
주님이 함께 하심이라

이별

정다겸

당신이 떠나는 건 결핍을 되돌리는 일
이제야 비로소 완전한 반쪽의 탄생
발자국 따라 길이 만들어진다

무궁화

정다겸

붉은 태양 가슴에 품고 하루를 살다 간다
태양 뜨면 피어나고 태양 지면 따라지니
임 향한
일편단심
영원토록 변함없다

칠월의 장마에도 팔월의 뙤약볕에도
구월 지나 추수까지 백일 동안 끊임없이
의롭게
피고 지며
우아하게 떠나간다

촉석루에 핀 꽃 한 송이 침입자를 끌어안고
다섯 꽃잎 뜻을 모아 몸 바쳐 낙화하니
떠나야
할 때를 아는
고고함이 매혹적이다

아하 하나님의 은혜로

정다겸

죽을 수밖에 없는 죄인
영원한 생명의 길로 인도하사
주님 자녀 삼으시고
주의 뜻에 따라 목사 안수받으오니

가는 길 험하고 어려울 지라도
인도하심 따라 사명 따라
쓰러지지 않는 겸손한 믿음으로
굳건히 서게 하소서!

길이요 진리요 생명 되신 주님
말씀과 기도와 찬양으로
주님 주신 직분 잘 감당하여
축복의 통로 삼아주시옵고

아하! 하나님의 은혜로
오늘도 주의 길을 걷나이다
웃는 발자취 되게 하소서
아하! 하나님의 은혜로

하얀국화 白菊

정다겸

하늘과 나 샛길이 열리고
날마다 정성껏 품어주셨네
바람에 흔들려도 품격 지키고
한 품은 무서리마저 영롱한데
그 누가 발길을 돌리겠는가

그리운 고향 집 찾아간다고
나 홀로 남겨둘 생각 말아라
사랑을 밀어낼 구실 찾아도
가을을 남기고 떠난다 해도
그대가 가는 길 꽃길 되리라

꽃이 예쁜 것은

정다겸

꽃이 예쁜 것은
활짝 웃으며 피어나기 때문이며

꽃이 아름다운 것은
당당하게 피어나기 때문이다

꽃이 사랑스러운 것은
최선을 다해 피어나기 때문이요

꽃이 자랑스러운 것은
누군가에게 행복을 주기 때문이다

꽃이 귀중한 것은
희생을 통해 열매를 맺기 때문이고

꽃이 훌륭한 것은
죽어서도 향기를 남기기 때문이다

감기 회복 기도

정다겸

이 밤이 가고 나면 거친 숨소리
갈아 고운 음색 담기게 하시고
목따갑게 울어대는 기침소리 잠들게
하시며 새들의 합창에 초대하소서

외부 자극들을 눕혀 주시어
정답기 이야기 나누는 자리에
팔뚝으로 입을 가리는 일이 없게 하시고
몸을 괴롭히고 정신을 흐리게 하는
요소들을 눕혀주시며
힘든 호흡을 보고만 있지 마소서

태양이 떠오르고 세상과 마주하기
전까지 그 일을 속히 마쳐 주소서
승리의 나팔소리 들으며
고요한 아침을 맞이하기 원하나이다

신발 한 켤레

정다겸

넘어지고 나서야
비로소 작별을 했다
처음 만났을 때
만져보고 신어보고 뛰면서 행복했는데
자주 만날수록 그의 모습은 야위어만 갔고
결국은 바닥에서 바람이 들어오고
비가 억수로 오는 날 양말은
흠뻑 젖은 채 추위에 떨어야 했다
그래도 사랑하는 마음은 여전했고
신발장 한쪽을 차지하면서
맑은 날 만남은 가끔 이어졌다
그러던 추운 겨울눈이 내린 다음 날 아침
무심코 향한 손길로 인해 온몸은 고통을 감내해야 했다
반질반질해진 신발 바닥과 미끄러운 눈길이 만나
초침은 째깍째깍 빠르게 달렸고
순간 타이밍을 놓치면서 눈길 위에 쿵!
내 눈에 들어온 것은 온통 하늘이고
저만치에서 경비원들 눈을 쓸며
미끄럽지요?
이제 미끄럽든지 말든지
신발의 초침은 한없이 느려졌고
하얀 나라를 더 이상 볼 수 없었다

나무의 성적

정다겸

낙엽이 우수수 떨어진다

너 참 잘 살았구나!

봄부터 지금까지…

슬픈 비

정다겸

내가 온통
슬픔으로 가득 차 올라
검정 안경 속에서
펑펑 눈물을 쏟았던 것처럼

하늘은 오늘
회색 구름, 먹구름 속에서
참았던 울분을
주룩주룩 토해내고 있다

설움에 북받쳐
엉엉 소리 내어 울었던 그때
안경 너머 차창 밖으로
이불속을 지나 창문 밖으로
뛰쳐나갔던 그 소리가

우르르 쾅쾅 울부짖고 있다
내리는 빗방울마다
비수처럼 내리 꽂힌다

기분을 놓아버렸네

정다겸

새근새근 숨소리만 들리는 고요 속으로
날카로운 그 무엇인가가 비집고 들어
오는 듯, 괴로운 신음 소리에
여러 마음들이 아려온다

눈 마주침 한 번 없어도 어머님의 옆자리를
떠나지 않은 며느리 마음이 그렇고
눈에 넣어도 아프지 않을 딸이 바라보는 세상이
닫혀있어 엄마는 쓰리고 아프다

몸과 마음이 어두움에 사로잡혀 있어도
미소를 빼앗기지 않았던 한 사람
그 마음 차마 드러낼 수 없어
기분을 놓아버렸네

호스피스 유가족

정다겸

찬바람에 살이 에이고
아픔이 온몸을 휘감아 돌 때도
말씀은 위로의 손길이요
찬양은 고통을 녹이는 노래
등불이 되고 빛이 되는 기도로
캄캄한 밤 멀리 사라졌네

지금은 아픔 없는 곳에
꽃이 되고 별이 되어
참 자유 누리는 고운님이여
구름 숲 호수에 비친
영롱한 그 모습에
우리 또한 담대하게
빛 가운데로 걸어가오

목마른 나무

정다겸

여기 목마른 나무가 있다
나무 아저씨의 망치소리가 탁! 탁
들릴 때마다 물길이 만들어지고
멈추었던 숨이 되돌아온다

물길 안으로
인고의 세월이
둥글게 둥글게 꽃을 피우고
머금은 향기 고이 간직한 채

사람들이 지나가면서 하는
많고 많은 이야기들 중에
아름답고 힘이 되고 행복해지는
소리를 깊게 빨아들였으리라

그 소리가 오늘 깨어나고 있다
칼끝의 아픔 견디며

맑은 윗물

정다겸

골짜기에 흐르는 물이
유리알처럼 맑고 투명하다

누가 나를 이 푸른 숲에
가두어 주면 좋으련만
자석으로 끌어당기듯
자꾸만 아래로 흘러간다

어디까지 갈 것이며
언제까지 흐르는지
아무런 기약도 없다

흙탕물이 되었다가
악취 풍기는 폐수도 되면서
오늘도 흐른다

맑은 윗물이 되기 전에는
돌아갈 생각이 없다

단풍나무 아래서

정다겸

단풍은
마지막 사랑을
뜨겁게 불태우는 노을이다

바쁜 걸음도 노을 앞에선 내려놓고
단풍은 레드카펫 드레스가 되어
주변시선을 압도한다

온 힘을 다해 가장 고운 빛깔을
뿜어내는 예술의 극치에서

아! 말잇못

하루가 얼마 남지 않은
저물어가는 시간의
소리가 빨라지고

일찍 길을 나선 낙엽들은
아궁이에서 활활 타오르며
긴 밤을 따뜻하게 준비하고 있다

그리움

정다겸

광장에서 박수를 치며
함께 축제의 노래 불렀었지

겨울을 잘 이겨낸 개나리꽃 같은
장맛비에도 끄덕하지 않던 사람
무던히 견디어 국화향기 뿜어내는
탱글탱글 탱탱 볼 같은 이여

어찌 그리 빨리 선을 밟았는가!

삶은
그저 잠시 스쳐 지나가는 것
때로는 생의 중앙에서 혹은 언저리에서
한참을 찾아야 보일까 말까
소리도 없이 모습도 없이

어느 날 갑자기 경계를 넘었단 말인가

기억을 길어 올리면
그곳엔 그리움이 비친다

어둠이 아가리를 벌리면
시끄러운 소리와 빛은 잠이 드는데
감고 감아도 눈은 감기질 않는다

겨울나무는

정다겸

겨울나무는
가진 게 별로 없다

봄의 푸르름도
여름의 싱그러움도
가을의 풍성함도
그저 모두 다 내주었다

여름에 시원한 그늘을 원하지만
겨울에 춥고 어두운 그늘 찾는 이 없다
겨울나무는 그렇게 사람들의 바람대로
하나 둘 그늘을 감추기 시작했는지도 모른다

앙상한 가지 사이로
눈부신 파란 하늘 엮어
햇살 한 줌이라도 더 챙긴 나무는
따뜻한 꿈을 꿀 수 있도록
나뭇가지에 달빛 걸어 둔다

빛이 되게 하소서

정다겸

진리로 우리를 자유케 하시는 주님
오늘도 빛 가운데로 인도하여
내 영혼이 평안하기를 원하옵니다

코로나19로
점점 어둠의 시간이 길어지고
가족과의 만남에도 거리가 생겼습니다
모이기에 힘쓰라는 주님의 말씀이
점점 멀어져 가고 있습니다

내 안에 준비된 등불을 켜게 하소서
지정된 장소를 벗어나
정해진 시간을 넘어
언제나
주님 안에 거하게 하소서

터널에서 라이트가 자동으로 작동하듯
야간에 자동 점등되는 조명처럼
어둠을 밝히게 하소서
어둠에서 허우적거리지 않게 하소서

빛으로 오신 주님
내 마음 빛이 되게 하소서
어둠이 빛을 삼키는 것을
허락하지 마소서

꿈이 열린다

정다겸

닫혔던 문이 열리면서
발걸음 가뿐해지고
사람들은 바빠진다

꽃씨를 심어야지
볍씨도 심어야 해
꽃밭을 가꾸고
땅도 기름지게 해야지

부푼 꿈들이 둥둥실
사방으로 뻗어나가고
움츠렸던 지구도
쌩쌩 달린다 야호!

어죽이네

정다겸

한 사람이 서성인다
어죽이네 간판 앞에서
어죽이네 만지(치)세요 하고

또 한사람이 서성인다
주먹으로
어죽이네만 치세요 한다

어! 죽이네

어(漁)죽네

목마른 자들의 샘이 되고

정다겸

호스피스 나무 한 그루가
수원에 뿌리를 내린 지 25년
생명의 물길이 나고
건강한 초록 옷을 입는다

사랑이 떠나간 자리에
아픔과 고통이 있어요
고독과 두려움도 있어요
슬픔과 이별의 쓰라림도

아무것도 염려하지 말라
너희는 서로 발을 씻어줘라
가장 아름다운 만남을 위하여
하나님의 말씀은 살아 움직이나니

목마른 자들의 샘이 되고
그물에 걸리지 않는 바람이
한겨울 기대고픈 햇살이
늘 든든한 참 좋은 친구가 되어

함께 걸어가라

웃음 한 조각

지은이 | 정다겸
초판인쇄 | 2023년 09월 01일
초판발행 | 2023년 09월 08일

펴낸곳 | 도서출판 **영혼의 숲**
펴낸이 | 허광빈
편집디자인 | 추혜인

편집실 | 서울 중구 퇴계로 45길 31-15
주　소 | 서울 은평구 통일로 53길 9-15
전　화 | 02) 2269-9885
모바일 | 010-6770-6440
팩　스 | 02) 2269-9885
E-mail | booksyhs@naver.com

ISBN | 979-11-90780-30-8 (03810)

가격 | 10,000원

※ 이 책의 저작권은 저자와 도서출판 영혼의 숲에 있습니다.
　무단전재와 복제를 금하며 잘못된 책은 교환해 드립니다.

이 도서의 국립중앙도서관 출판예정도서목록(CIP)은 서지정보유통지원시스템 홈페이지
(http://seoji.nl.go.kr)와 국가자료종합목록시스템 (http://www.nl.go.kr/kolisnet)에서
이용하실 수 있습니다. (CIP제어번호 : 979-11-90780-30-8 (03810))